ŁAŃCUCH WARTOŚCI MICHAELA PORTERA

KLUCZOWE INFORMACJE

- **Nazwy:** łańcuch wartości, łańcuch wartości Michaela Portera.

- **Zastosowania:** poprawa konkurencyjności, redukcja kosztów, zwiększenie tworzenia wartości.

- **Dlaczego jest skuteczny?** Można go dostosować do wszystkich rodzajów biznesu, skutecznie zwiększa wydajność i składa się z serii jasnych, dobrze zdefiniowanych kroków.

- **Słowa kluczowe:** przewaga konkurencyjna, tworzenie wartości, narzędzie analityczne, podział czynności.

WPROWADZENIE

Historia

Profesor Harvard Business School Michael E. Porter (ur. w 1947 r.) znany jest ze swoich prac dotyczących strategii konkurencji, konkurencyjności i rozwoju gospodarczego narodów, państw i regionów.

W latach 80. zaczął dogłębnie analizować koncepcję przewagi konkurencyjnej i rozwinął szereg teorii strategicznych w książce *Competitive Advantage: Creating and Sustaining Superior Performance* (1985). Wiele z tych teorii

ŁAŃCUCH WARTOŚCI MICHAELA PORTERA

Uwolnij przewagę konkurencyjną swojej firmy

50MINUTES.com

ŁAŃCUCH WARTOŚCI MICHAELA PORTERA

Uwolnij przewagę konkurencyjną swojej firmy

napisany przez Xavier Robben
przetłumaczony przez Kâmil Kowalski

zostało szybko wdrożonych przez firmy poszukujące możliwości poprawy swoich wyników.

Według niego firmy osiągają przewagę dzięki opanowaniu sił konkurencyjnych, znanych jako "pięć sił Portera". Jest to kluczowa koncepcja w innowacyjnym zarządzaniu, która została zbadana przez Portera w *Competitive Strategy: Techniques for Analyzing Industries and Competitors* (1980; wydana ponownie z nowym wstępem w 1998 roku).

Definicja modelu

Łańcuch wartości to szereg działań, które są realizowane w celu dostarczenia na rynek wartościowego produktu lub usługi.

Każda firma, stowarzyszenie lub organizacja, która tworzy wartość i chce poprawić swoją konkurencyjność, może wykorzystać łańcuch wartości do osiągnięcia swoich celów. Model ten pozwala przedsiębiorstwom na analizę każdego z działań w celu maksymalnego usprawnienia każdego z etapów, w ten sposób maksymalizując swoją przewagę konkurencyjną. Łańcuch wartości jest cennym narzędziem w zarządzaniu strategicznym, ponieważ pracuje nad pozycjonowaniem produktu lub usługi na rynku.

Łańcuch wartości ma trzy główne cele:

- poprawić usługi

- zmniejszyć koszty

- tworzyć wartość.

TEORIA

TWORZENIE WARTOŚCI

Zanim firmy będą w stanie zdobyć przewagę konkurencyjną, muszą zrozumieć koncepcję tworzenia wartości. Jest to system analityczny zaprojektowany w celu rozbicia różnych funkcji firmy i zbadania ich kosztów, w celu jak najbardziej efektywnego rozmieszczenia zasobów w całym łańcuchu. Dzięki temu produkty mogą być strategicznie pozycjonowane na rynku w oparciu o ich koszt lub zróżnicowanie.

Koszty mogą zostać zredukowane poprzez:

- optymalizacja procesu produkcyjnego;

- zakup surowców po niższych kosztach;

- wprowadzenie innowacyjności;

- praca nad funkcjonalnością produktu dla większego zróżnicowania;

- zwiększenie jakości produkcji;

- poprawa obsługi klienta;

- skrócenie czasu dostawy dzięki dobrej organizacji logistycznej.

Skuteczna analiza poszczególnych funkcji firmy może zwiększyć wydajność i doprowadzić do trwałego i zyskownego rozwoju.

SKŁADNIKI

Model Portera obejmuje dziewięć głównych funkcji generujących wartość, które podzielono na dwie kategorie:

- Istnieje pięć podstawowych działań, które bezpośrednio wpływają na wartość dodaną produktu końcowego. Kategoria ta obejmuje działania związane z logistyką przychodzącą (1), operacjami (2), logistyką wychodzącą (3), marketingiem i sprzedażą (4) oraz usługami (5).

- Istnieją cztery działania wspierające, które są pośrednio zaangażowane w tworzenie ostatecznej wartości dodanej. Są to działania związane z infrastrukturą przedsiębiorstwa (1), zasobami ludzkimi (2), rozwojem technologicznym (3) oraz zaopatrzeniem (4).

 **WYBÓR DZIAŁAŃ GENERUJĄCYCH WARTOŚĆ**

Wybór działań generujących wartość opiera się na trzech kryteriach:

Czy opierają się one na różnych mechanizmach ekonomicznych?

Czy stanowią one znaczny ułamek kosztów?

Czy wpływają one bezpośrednio na przewagę konkurencyjną?

Porter przedstawia biznes za pomocą prostego wykresu, w którym działania podstawowe są umieszczone pionowo, natomiast działania wspierające - poziomo. Marża stanowi różnicę między końcową wartością produktu a całkowitymi kosztami z nim związanymi (stworzenie, wprowadzenie na rynek itp.). Wielkość marży zależy od przewagi konkurencyjnej każdej z dziewięciu funkcji przedsiębiorstwa. Każda firma ma swój własny wykres, który będzie się różnił w zależności od wielu różnych czynników, w tym od charakteru firmy, branży, pozycjonowania i efektywności.

 ## Przewaga konkurencyjna

O przewadze konkurencyjnej firmy nad konkurentami można przekonać się porównując ich łańcuchy wartości. Jakość działania ma bezpośredni wpływ na koszty, zadowolenie klienta i wielkość marży. Analiza funkcji nie zawsze daje pozytywny wynik, gdyż może się okazać, że niektóre funkcje konsumują wartość lub generują mniejszą wartość niż konkurenci firmy.

Działalność podstawowa

Działalność podstawowa składa się na główne funkcje organizowane w firmie. Przyczyniają się one bezpośrednio do powstania produktu, działalności marketingowej, polityki sprzedaży, dostawy do klienta końcowego i obsługi posprzedażowej. Chociaż nie wszystkie przedsiębiorstwa działają w ten sam sposób, większość z nich realizuje te pięć podstawowych działań:

- **(1) Logistyka przychodząca** odnosi się do procedury pozyskiwania zasobów, w tym surowców, odbioru tych materiałów, wprowadzenia na stan magazynowy itp.

- **(2) Operacje** obejmują wykorzystanie surowców, produkcję towarów, badanie jakości, pakowanie, konserwację itp.

- **(3) Logistyka wychodząca** obejmuje wyprowadzanie zapasów, przygotowywanie zamówień, dostawy do dystrybutorów i klientów końcowych itp.

- **(4) Marketing i sprzedaż** obejmuje promocję, komunikację, ustalanie cen, reklamę, zarządzanie kanałami dystrybucji itp.

- **(5) Usługi** obejmują naprawy, konserwację, usługi posprzedażowe itp.

 ## WZAJEMNE ODDZIAŁYWANIE DZIAŁALNOŚCI PODSTAWOWEJ

Działania te nie są od siebie niezależne, a dobra kontrola jednego elementu może mieć pozytywny wpływ na pozostałe elementy łańcucha. Poszczególne funkcje są ze sobą powiązane, co może powodować szereg konsekwencji w przypadku zmian w działaniach. Te powiązania, które często pozostają niezauważone, odgrywają ważną rolę w zarządzaniu kosztami i przewagą konkurencyjną.

Działania wspierające

Działania wspierające przyczyniają się do sprawnego funkcjonowania firmy, umożliwiając jej wykonywanie i koordynowanie działań podstawowych w celu maksymalizacji efektywności. Należą do nich:

- **(A) Infrastruktura przedsiębiorstwa**, która obejmuje zarządzanie ogólne, finansowe i administracyjne, dział prawny oraz działy odpowiedzialne za planowanie, kontrolę jakości itp.

- **(B) Zasoby ludzkie**, które zajmują się rekrutacją, szkoleniami, procesami wynagradzania, zarządzaniem umiejętnościami, strukturą organizacji, polityką premiową, zwolnieniami itp.

- **(C) Badania i rozwój** obejmują badania i wybór technologii, zdolność do innowacji, rozwój produktów lub usług, bezpieczeństwo produktów, zarządzanie patentami itp.

- **(D) Zamówienia (lub dostawy)** obejmują metody zakupu surowców, pozyskiwania dostawców, negocjacji z dostawcami, wynajmu pomieszczeń itp.

Działania wspierające mogą oddziaływać na niektóre z działań podstawowych. Jednak, choć opisane powyżej funkcje są powszechne, nie występują w każdej firmie.

 # WYKORZYSTANIE ŁAŃCUCHA WARTOŚCI

W teorii preferowane jest, aby firmy korzystały z łańcucha wartości Portera przed dokonaniem wyboru strategii i pozycjonowania dla każdego produktu. W praktyce jednak nie zawsze tak się dzieje.

MODEL, KTÓRY MOŻNA DOSTOSOWAĆ

Definiując tę koncepcję, Porter podkreśla pilną potrzebę zindywidualizowanego podejścia. Radzi on firmom, aby najpierw dokonały wyboru między krótkim a długim łańcuchem wartości, w zależności od znaczenia pewnych działań lub jego braku. Czasami konieczna jest również modyfikacja łańcucha wartości w celu wyróżnienia się na tle konkurencji. Wreszcie Porter wskazuje, że klucz do przewagi konkurencyjnej leży zarówno w modyfikacji, jak i we wzajemnym oddziaływaniu poszczególnych działań. Jeśli bowiem jedna z działalności postępuje niezależnie od pozostałych, może dojść do zachwiania równowagi pomiędzy poszczególnymi elementami, co generuje nowe koszty.

 # APLIKACJE DLA USŁUGODAWCÓW

Chociaż terminologia używana do przedstawienia tej koncepcji jest związana z wytwarzaniem produktów ("magazynowanie", "produkcja", "naprawa" itp.), łańcuch wartości działa równie dobrze w przypadku firm świadczących usługi.

OGRANICZENIA I ROZSZERZENIA

OGRANICZENIA I KRYTYKA

Chociaż model Portera został opracowany jeszcze w latach 80. ubiegłego wieku, to jednak nie stracił na aktualności i nadal dostarcza niezbędnych narzędzi firmom poszukującym możliwości zwiększenia wartości dodanej swojej działalności i obniżenia kosztów produkcji. Niemniej jednak, pomimo swojej niezaprzeczalnej skuteczności, łańcuch wartości ma pewne ograniczenia i coraz częściej poddawany jest krytyce.

Po pierwsze, realizacja tej metody jest stosunkowo długa i skomplikowana:

- ilość danych wymaganych do wykorzystania łańcucha wartości jest ogromna i często trudna do uzyskania;

- margines interpretacji jest zbyt duży, co może zaszkodzić analizie i zniekształcić ostateczny wynik;

- brak precyzji może wpłynąć na analizę.

Po drugie, chęć utrzymania przewagi konkurencyjnej na rynku skłania przedsiębiorstwa do przyjęcia polityki zarządzania kosztami, co samo w sobie jest jednym z głównych ograniczeń modelu. Jeśli wszystkie firmy będą wdrażać identyczną strategię zarządzania kosztami, to ceny będą coraz niższe, ale firmy nie mogą w nieskończoność obniżać kosztów.

Po trzecie, trudno jest określić pojęcie tworzenia wartości związane z tym łańcuchem, ponieważ wartość jest różnie postrzegana przez różnych ekonomistów:

*   Ekonomia neoklasyczna (początek XIX wieku) opiera się na subiektywnej użyteczności lub wartości względnej związanej z wymianą i brakiem wymiany kosztów produkcji. Innymi słowy, wartość produktu zależy od wartości innego produktu na tym samym rynku.

*   Przeciwstawia się temu ekonomia klasyczna (w latach 1760-1848, we Francji i Anglii), która postrzega wartość jako absolutną i określaną w zależności od cech przedmiotu.

Model Portera wydaje się skłaniać ku myśli neoklasycznej i opiera się na interpretacji woli klienta. W szerszym ujęciu jego krytycy zarzucają mu ogólny brak jasności i precyzji w definicjach oraz uważają, że jego teorii brakuje danych empirycznych, które byłyby potrzebne do jej uzasadnienia.

Przedstawione powyżej ograniczenia i krytyka nie stanowią wyczerpującej listy, a wielu zgadza się, że podstawy łańcucha zostały uzupełnione przez prace innych, mniej znanych ekonomistów. Jednak, choć z pewnością należy stosować go z rozwagą, łańcuch wartości pozostaje istotnym narzędziem w zarządzaniu przedsiębiorstwem.

POWIĄZANE MODELE I ROZSZERZENIA

Pięć sił Portera

Michael Porter zawsze starał się zrozumieć zagadnienia związane z konkurencją. Na kilka lat przed opublikowaniem swoich badań nad łańcuchem wartości zrozumiał, że struktura konkurencyjna przedsiębiorstwa jest zbyt ubogo zdefiniowana. Stworzył również model "pięciu sił Portera", który można wykorzystać do utrzymania przewagi konkurencyjnej i zapewnienia długoterminowej rentowności. Siły te stanowią:

- **Konkurencja w branży.** Firmy w ramach tego samego sektora walczą o utrzymanie swojej pozycji.

- **Siła przetargowa dostawców.** Im potężniejszy dostawca, tym więcej może narzucić warunków (cena, jakość, ilość). Odwrotnie jest w przypadku mniej potężnych dostawców.

- **Siła przetargowa klientów.** Narzucają oni wymagania dotyczące ceny, obsługi i jakości, co z kolei wpływa na rentowność rynku.

- **Zagrożenie ze strony nowych podmiotów.** Zależy ono od czynników takich jak wielkość rynku (ekonomia skali), chęć dywersyfikacji działalności, koszty wejścia, dostępność surowców i standardów technicznych. Nowi konkurenci nieuchronnie zaburzają hierarchię uczestników rynku.

- **Zagrożenie substytutami.** Stanowią one alternatywę dla oferty rynkowej i są na ogół mają atrakcyjniejszą cenę.

Na każdy element tego modelu pośrednio wpływa prawo i regulacje ustalane przez władze publiczne.

PRAKTYCZNE ZASTOSOWANIE

PORADY I NAJWAŻNIEJSZE WSKAZÓWKI

W przeciwieństwie do ogólnej rachunkowości, łańcuch wartości nie jest prawnie wiążący, ale pozostaje ważnym narzędziem w kierowaniu firmą. Chociaż możliwe jest zastosowanie wielu różnych podejść, wysoce wskazane jest wykorzystanie tradycyjnej metody sześciu kroków przedstawionej poniżej.

Konfiguracja analizy

Pierwszym etapem jest określenie dziedziny, która ma zostać poddana analizie. Wymaga to dobrego zrozumienia procesu produkcyjnego zgodnie z łańcuchem wartości oraz identyfikacji wszystkich powiązań pomiędzy poszczególnymi działaniami. Kolejnym krokiem jest określenie punktu początkowego (dostawcy surowców) i punktu końcowego (magazyn wyrobów gotowych lub klient) całościowych procesów przedsiębiorstwa.

Mapowanie obecnego łańcucha wartości

Polega to na rozrysowaniu reprezentatywnego łańcucha wartości przedsiębiorstwa od A do Z, pamiętając o uwzględnieniu wszystkich poszczególnych etapów. Na ogół etapy te ilustruje się kwadratami, zapasy – trójkątami, a transfery – strzałkami.

Ten uproszczony łańcuch wartości może reprezentować centralne zaopatrzenie (1), które wysyła towary składowane do zakupu (2). Następnie towary są wysyłane do warsztatu (3), gdzie przechodzą kontrolę jakości (4), zanim dołączą do zapasu wyrobów gotowych (5). Po zamówieniu produktów, trafiają one do obszaru dystrybucji (6).

Gromadzenie danych autentycznych

Ten etap ma na celu zgromadzenie kluczowych danych na temat wszystkich działań i powiązań, ale także zweryfikowanie ich autentyczności. Dane, które należy zgromadzić, będą się różnić w zależności od firmy, w zależności od jej struktury i sektora. Na przykład firma usługowa nie zajmuje się procesami produkcyjnymi, w przeciwieństwie do firmy przemysłowej. Przedsiębiorstwa przemysłowe muszą dowiedzieć się więcej o długości cyklu czynności, liczbie pracowników potrzebnych do każdej fazy, odległości transferu i czasie pomiędzy poszczególnymi etapami, kosztach czynności, wydajności wykorzystywanych maszyn, obrocie zapasów, wartości aktywów, współczynniku wadliwych produktów itp.

Przesłanie diagramu i danych

Następnie warto omówić planowany łańcuch wartości z zainteresowanymi osobami. Na przykład należy zapytać pracowników o ich opinie na temat schematu wytwarzania. W rzeczywistości członkowie zespołu mogą mieć inny pogląd na proces zachodzący w firmie, a konsultacja z nimi może naprawić wszelkie aspekty, które zostały źle zinterpretowane. Na tym etapie zaleca się dodanie do diagramu czasu trwania wykonania i czasu trwania oceny. Pierwszy z nich szacuje czas potrzebny do zakończenia procesu, natomiast drugi mierzy czas na uwzględnienie wartości. Porównanie tych dwóch danych może pomóc w identyfikacji obszarów wymagających poprawy.

Restrukturyzacja łańcucha wartości

Piąty krok polega na analizie listy pytań ustalonej w 1999 roku przez Mike'a Rothera i Johna Shooka. Odpowiedzi na te pytania pozwalają firmie dokonać przeglądu i ewentualnie zmodyfikować łańcuch wartości. Osiem tematów poruszonych przez tych dwóch ekonomistów ma na celu promowanie przewagi konkurencyjnej, a celem tego etapu jest zasadniczo zmiana lub wyeliminowanie działań, które tworzą małą lub żadną wartość. Im okres realizacji jest bliższy okresowi rozwoju, tym bardziej firmie udało się ograniczyć zbędne transfery. Po ustaleniu optimum (lub równowagi), nadchodzi czas na reprezentowanie firmy poprzez zrestrukturyzowany łańcuch wartości.

Osiem pytań Mike'a Rothera i Johna Shooka to:

- Jaki jest czas trwania łańcucha wartości?

- Czy produkcja jest przechowywana w sklepie, czy wysyłana bezpośrednio do punktu wysyłkowego?

- W których częściach łańcucha wartości można zastosować przetwarzanie w trybie ciągłym?

- Gdzie trzeba będzie zastosować system supermarket pull?

- W jakim pojedynczym punkcie łańcucha produkcyjnego ("procesie rozrusznika") zaplanujesz produkcję?

- Jak udoskonalisz produkcję?

- W jaki sposób zaplanujesz proces rozrusznika serca?

- Jakie powiązane usprawnienia procesów będą wymagane?

PUSH I PULL

Przepływy typu push i pull to przepływy dóbr, towarów lub innych składników wynikające z prognoz. Przepływy pull są napędzane przez prognozy, natomiast przepływy push są generowane przez zamówienia klientów.

Gdy już odpowiesz sobie na te pytania, ważne jest, aby:

- kwantyfikacja przewagi konkurencyjnej w oparciu o konkurencyjny łańcuch wartości na rynku;

- włączenie różnych aktywów przedsiębiorstwa;

- oceniają działania tworzące wartość;

- uważają, że przewaga konkurencyjna wynika nie tylko z wykonywania poszczególnych czynności, ale także z powiązań między nimi.

Planowanie działań doskonalących

Po określeniu działań, które można poprawić, firma musi znaleźć niezbędne środki, aby zwiększyć swoją efektywność. Zaleca się oprzeć to na zmodyfikowanym wykresie i spisać wszystkie zadania z dziewięciu działań (podstawowych i wspierających). Od dostawców do pierwszych zmian, firma będzie musiała ponownie przeprowadzić analizę uzupełniającą na każdym etapie od punktu wyjścia. W rzeczywistości jedna zmodyfikowana czynność może mieć wpływ na inne ze względu na powiązania między nimi, a te modyfikacje mogą wpłynąć na łańcuch wartości firmy.

Sukces tej pętli analizy, w której punkt wyjścia jest zawsze taki sam, opiera się na czterech zasadach:

- proces jest ciągły i uwzględnia cykl produkcyjny;

- łańcuch pozwala na prostą, efektywną kontrolę produkcji;

- firma korzysta z usprawnień w zarządzaniu wydatkami i zamówieniami;

- wzrasta szybkość realizacji przy jednoczesnym zmniejszeniu objętości składowanych zapasów.

Wskazówki

Łańcuch wartości Portera jest powszechnie stosowanym narzędziem w dziedzinie zarządzania, jednak nieprawidłowe jego stosowanie może zmniejszyć jego skuteczność. Do najczęstszych błędów należą:

- Nieprecyzyjność przy określaniu zakresu łańcucha wartości.

- Opracowanie łańcucha wartości na podstawie schematu, który zniekształca relacje między działaniami.

- Zapomnienie o którymś z etapów łańcucha wartości. Dlatego też bardzo wskazane jest fizyczne prześledzenie drogi produktu w przedsiębiorstwie, od zapasów surowców do wysyłki gotowego produktu, aby mieć pewność, że każdy etap został w pełni uwzględniony w analizie.

STUDIUM PRZYPADKU – PRZEDSIĘBIORSTWO PRZEMYSŁOWE

Kontekst

Chociaż model Portera nie jest ograniczony do firm przemysłowych, wybraliśmy przykład firmy stalowej, która obejmuje długi łańcuch wartości. Ta firma stalowa ciężko walczyła, aby stać się światowym liderem rynku. Oprócz fuzji i innych przejęć, jej zdolność do adaptacji uczyniła ją liderem w swoim sektorze. Firma wdrożyła różnorodne techniki, aby udoskonalić swoje zarządzanie przedsiębiorstwem, w tym łańcuch wartości.

Jej główną działalnością jest montaż różnych maszyn i narzędzi, które mogą rzeźbić drobne gwinty na stalowych rurkach. Po zmontowaniu ich razem, pozwalają one klientom na wydobycie gazu lub ropy.

Firma kupuje swoje surowce (stal i żeliwo) oraz części zlecone na zewnątrz od różnych dostawców. Zakupy są przechowywane przed przekierowaniem ich do centrum sortowania, gdzie muszą przejść test zgodności. Po weryfikacji są one przechowywane w przestrzeni zwanej "zapasami firmowymi". Części są następnie wysyłane do warsztatu. Dla tej firmy zarządzanie zapasami jest skomplikowanym zadaniem, ponieważ tylko 80% części jest identycznych z jednej maszyny do drugiej. Klienci mają swoje własne rury, a urządzenia muszą być w stanie się do nich dopasować. Wytwarzanie produktu jest bardzo skomplikowanym procesem i trwa od czterech do sześciu miesięcy. Po zakończeniu produkcji urządzenia są przechowywane, zanim przejdą serię testów, aby upewnić się, że działają prawidłowo. Następnie są one pakowane w celu zminimalizowania uszkodzeń i transportowane do miejsca przeznaczenia. Ponadto firma zajmuje się również naprawą źle skalibrowanego, wadliwego lub przestarzałego sprzętu.

Ten proces produkcyjny, opracowany ponad 25 lat temu, jest stosowany do dziś, choć nastąpiły pewne zmiany. Firma zreorganizowała swoją strukturę, aby poprawić wyniki, pomimo złożoności i wysokich kosztów. Była to decyzja konieczna, aby firma mogła utrzymać pozycję światowego lidera w sektorze.

Reorganizacja łańcucha wartości w przedsiębiorstwie

Aby dokonać pełnego przeglądu swojej organizacji, firma skorzystała z usług zewnętrznego zespołu wykwalifikowanych ekspertów ds. zarządzania:

- Współpracując z menedżerami, zaczęli od sporządzenia mapy działań do przeanalizowania i wybrania punktu początkowego (odbiór surowców) oraz punktu końcowego (dostawa do klientów). Konieczne było jednak połączenie piątej działalności podstawowej z trzecią, ponieważ po naprawie maszyn w piątej działalności są one przekierowywane do klienta.

- Następnie zaprojektowali łańcuch wartości, dbając o wskazanie etapów (kwadraty), zapasów (trójkąty) i transportu (strzałki).

- Następnie zespół zewnętrzny opracował 20-stronicowy kwestionariusz, aby zebrać dokładne dane w oparciu o obszary działalności firmy. Kierownicy i ich inżynierowie najpierw odpowiedzieli na pytania specyficzne dla ich obszaru. Następnie, w celu sprawdzenia i dostosowania danych, eksperci udostępnili te informacje wszystkim pracownikom. Ich komentarze doprecyzowały wcześniej udzielone odpowiedzi. Zespół zewnętrzny oszacował również długość czasu realizacji i odzyskiwania, aby zidentyfikować potencjalne przyczyny opóźnień: po porównaniu wyniki sugerowały, że czas realizacji był zbyt długi.

Odpowiedzi na pytania Rothera i Shooka pozwoliły ekspertom zidentyfikować różne braki w łańcuchu wartości firmy. Firma odkryła, że:

- Jej przewaga konkurencyjna w łańcuchu wartości wynika z efektywnego zarządzania zapasami surowców.

- Jej majątek opierał się zasadniczo na kosztach produkcji związanych z doskonałą siłą roboczą i wydajnością maszyn.

- Istniały dwa punkty do potencjalnej poprawy, jeden na poziomie produkcji, drugi na poziomie organizacyjnym. Pierwszy z nich ujawnił, że duża liczba maszyn nie była dostosowana do wymagań klientów, natomiast drugi pokazał, że czas pomiędzy fazami i obszarami magazynowymi był zbyt długi.

- Wiele sztuk pękło w trakcie procesu produkcyjnego. Nie wynikało to z błędów produkcyjnych, ale z zakupów dokonywanych w dalszej części łańcucha, a dokładniej z przedmiotów zlecanych na zewnątrz.

Po udoskonaleniu łańcucha wartości dostarczonego przez ekspertów, firma odnotowała trzy główne zmiany:

- skrócenie czasu produkcji maszyny;

- redukcja kosztów produkcji;

- poprawa dostaw wyrobów gotowych, które są bardziej zgodne z oczekiwaniami klientów.

Dzięki analizie różnych ścieżek produkcyjnych firma mogła następnie usprawnić niektóre działania w celu optymalizacji wyników i utrzymania pozycji lidera na rynku.

Przyczyny globalnego przywództwa

- **Koordynacja działań z klientami.** Poważnym problemem, z jakim borykało się przedsiębiorstwo, był brak precyzji w realizacji zamówień klientów. Maszyny musiały rzeźbić gwinty na dostępnych w warsztacie rurkach, nawet jeśli ich średnica nie zawsze odpowiadała wymaganiom klienta. Następnie musiały wracać do firmy w celu dokonania korekt. Ten oczywisty problem organizacyjny został rozwiązany poprzez zbudowanie magazynu zarezerwowanego dla rur klientów. Maszyny mogą teraz pracować precyzyjnie, a przedsiębiorstwo nie martwi się już reklamacjami.

- **Organizacja firmy.** Na początku firma była tylko małym przedsiębiorstwem zatrudniającym kilku pracowników. Z biegiem lat nastąpił olbrzymi wzrost liczby zamówień. Firma rozwijała się stopniowo, zwiększając powierzchnie magazynowe oraz liczbę pomieszczeń przeznaczonych na warsztaty i biura. Kiedy pierwszy lokalny oddział stał się zbyt mały do prowadzenia działalności, firma wybudowała drugi, a następnie trzeci, w którym starannie przechowywano surowce i gotowe produkty. Eksperci zauważyli, że transport ciężkich zapasów między pierwszym lokalem (wykorzystywanym do produkcji) a trzecim zajmował zbyt dużo czasu, a zapasy musiały pokonać cały warsztat, aby dotrzeć do linii montażowej. Firma postanowiła więc odwrócić funkcje dwóch pierwszych magazynów. Ułożenie ich zgodnie z przebiegiem pracy pozwoliło zmniejszyć odległości między warsztatem, obszarami zapasów oraz centrami sortowania i kontroli.

- **Poprawa jakości części zlecanych na zewnątrz.** Dane wskazywały na zbyt dużą liczbę wadliwych elementów, a analizy wykazały, że pochodziły one głównie od podwykonawców z Europy Wschodniej. Problemem była jakość ich surowców. Aby firma mogła pozostać konkurencyjna, nie mogła sama produkować tych części mechanicznych ani zmienić dostawców, ponieważ wszyscy byli stosunkowo drożsi. Aby zapewnić jakość, firma kupuje teraz surowce od dostawców we Francji, które wysyła do Czech i Polski, aby wyprodukować swoje części. Chociaż cena kosztów wzrosła, firma korzysta teraz ze zmniejszenia liczby zamówień.

Bez tych istotnych zmian firma nie mogłaby utrzymać pozycji lidera na rynku światowym. Modyfikacja łańcucha wartości wymagało podjęcia złożonych decyzji, które, choć kosztowne, okazały się korzystne dla całej firmy.

PODSUMOWANIE

* Koncepcja łańcucha wartości opracowana przez Michaela Portera po raz pierwszy pojawiła się w jego książce z 1985 roku *Competitive Advantage: Creating and Sustaining Superior Performance*.

* Łańcuch wartości to model zarządzania przedsiębiorstwem, który odwzorowuje tworzenie wartości w firmie.

* To narzędzie analityczne pozwala firmom analizować wszystkie swoje działania, aby zidentyfikować i poprawić mniej efektywne obszary w celu maksymalizacji przewagi konkurencyjnej.

* Łańcuch wartości obejmuje dziewięć działań, które można podzielić na dwie kategorie: pięć działań podstawowych i cztery działania wspierające.

* Analiza łańcucha wartości obejmuje sześć etapów: określenie obszaru do zbadania, sporządzenie łańcucha wartości, zebranie i weryfikacja danych, przedstawienie danych członkom zespołu w celu uzyskania ich opinii, reorganizacja łańcucha i zaplanowanie działań.

* Narzędzie to ma wiele zalet: może być wdrażanie we wszystkich rodzajach przedsiębiorstw; poprawia konkurencyjność; dostarcza jasnych i dobrze zdefiniowanych kroków, aby skutecznie przeprowadzić analizę łańcucha wartości itp.

- Ocena jest jednak długim procesem, który wymaga dużej ilości danych. Ponadto ważną rolę odgrywa osobista interpretacja, która może sprawić, że model będzie mniej dokładny.

- Łańcuch wartości może być wdrażany obok innych, równie ważnych modeli w zarządzaniu przedsiębiorstwem, w tym słynnych "pięciu sił Portera".

- Łańcuch wartości jest potężnym narzędziem, ale powinien być stosowany z ostrożnością. Aby był skuteczny, należy zrozumieć, że każda analiza różni się w zależności od firmy.

- Usprawnienie łańcucha wartości wiąże się ze złożonymi decyzjami, których pomyślne wdrożenie pozwala firmom na osiągnięcie celów.

PRZECZYTAJ TAKŻE

BIBLIOGRAFIA

Hartwich, F., Devlin, J. i Kormawa, P. (2011) Industrial Value Chain Diagnostics: An Integrated Tool. *Organizacja Narodów Zjednoczonych do spraw Rozwoju Przemysłowego*. [Online]. [Dostęp 10 kwietnia 2018]. Dostępny w: < https://www.unido.org/sites/default/files/2011-07/IVC_Diagnostic_Tool_0.pdf>

Lachat, D. (2007) Chaînes de valeur, modèles entrepreneuriaux et étalonnage. *Archive ouverte en Sciences de l'Homme et de la Société*. [Online]. [Dostęp 10 kwietnia 2018]. Dostępny w: < https://halshs.archives-ouvertes.fr/halshs-00124439/>

Magretta, J. (2012) *La Méthode Michael Porter*. Montreal: Éditions Transcontinental.

Porter, M. E. (1998) *Competitive Advantage: Creating and Sustaining Superior Performance*. New York: Simon & Schuster.

Porter, M. E. (2008) Pięć sił konkurencyjnych, które kształtują strategię. *Harvard Business Review*. [Online]. [Dostęp 10 kwietnia 2018]. Dostępny w: < https://hbr.org/2008/01/the-five-competitive-forces-that-shape-strategy>.

Rother, M. i Shook, J. (1999) *Learning to See: Value Stream Mapping to Add Value and Eliminate MUDA*. Cambridge: The Lean Enterprise Institute of Brookline Massachusetts.

Zeroual, T. , Blanquart, C. i Carbone, V. (2011) Supply Chain Management : portée et limites. L'Apport des théories des réseaux. *Les cahiers de recherche de l'ESCE.* [Online]. [Dostęp 10 kwietnia 2018]. Dostępny w: < https://hal. archives-ouvertes.fr/hal-00595752>

DODATKOWE ŹRÓDŁA

Harvard Business Review. (2011) *HBR's 10 Must Reads on Strategy.* Boston: Harvard Business School Publishing.

Magretta, J. (2012) *Understanding Michael Porter: The Essential Guide to Competition and Strategy.* Boston: Harvard Business School Publishing.

Chcemy usłyszeć od Ciebie, co się dzieje!
Zostaw komentarz na temat swojej internetowej biblioteki
i podziel się swoimi ulubionymi książkami w mediach społecznościowych!

IMPROVE YOUR
GENERAL KNOWLEDGE
IN THE BLINK OF AN EYE!

www.50minutes.com

Wydawca zapewnia o wiarygodności publikowanych informacji, co jednak nie może wiązać się z jego odpowiedzialnością.

Master ISBN : 9782808066396
Papierowy ISBN : 9782808069045
Depozyt prawny: D/2022/12603/139

Projekt cyfrowy: Primento – cyfrowy partner wydawców.